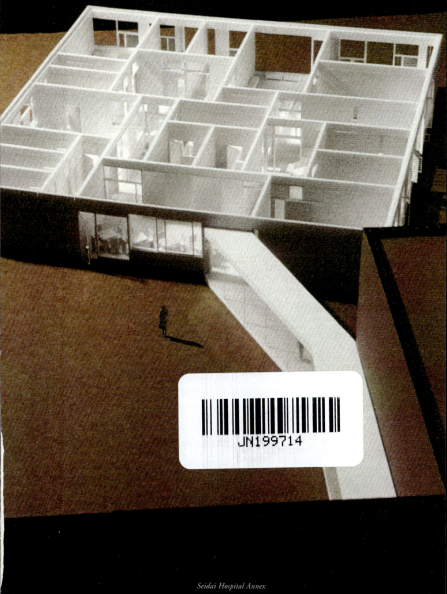

Seidai Hospital Annex

Art Museum in Aomori

Primitive Future House

Children's Center for Psychiatric Rehabilitation

Final Wooden House

藤本壮介
建築への思索
世界の多様さに
耳を澄ます

聞き手：瀧口範子

TOTO出版

▌作業所／建築家としての始まり

── 藤本さんは、建築家としてのスタートが非常にユニークです。東京大学卒業後はどこにも就職しないでブラブラし、その間、育った北海道で精神医療施設のために手がけた最初の小さなプロジェクトが、その後の建築を考える大きな底流を作ったと言えます。

精神科の医療施設を経営する父から作業療法棟の設計を依頼されたのが、建築家としてのスタートでした。その後、父の友人のために別の精神科の医療施設を手がけることになりました。ふたりとも、これからの精神医療施設は、人を閉じ込める場所ではなく、むしろ開放的な生活の場としてとらえるべきだという考えの持ち主でした。どうしたら快適な居住環境を生み出せるか、ということが重要でした。医療施設を作るというよりも、家を作るという感覚です。その一方で、そこはスタッフも含めて50人、100人などが関わる小さな社会でもあり、それはつまり、都市的な場所でもありました。キャリアの最初に精神医療施設を手がけるというのは少し変わった始まり方に聞こえるかもしれませんが、住居であり同時に都市である場所と考えると、必然的に私的、社会的な両側面を兼ね備えた建築となり、普遍的なとても深い問題を問い直す機会となりました。当時の医療施設では、管理という視点とその重圧から、建築の構成自体が、どうしても患者とスタッフを分断してヒエラルキーを作り出してしまうようなものになっていました。父も友人もそれをもっとフラットにしたいと考えていたため、その社会的なヒエラルキーを人間主体で考え直すというプロジェクトになったのです。

── 作業療法棟は、具体的にどんな場所にしてほしいと言われたのですか。

約200㎡のスペースに、作業所と休憩所、職員の事務室を作ってくれというものです。要求としてはとてもシンプルです。そこに上記のような、本質的な問いをもち込んだ。具体的には、一度に見通せない空間を作ることができないか、と考えたのです。精神医療施設は管理のために全部見渡せるようにするのが基本ですが、それは逆に言うとプライバシーやちょっとした隠れ場所が一切ないということで、人間の根源的な尊厳という意味で問題なのではないか。だとしたら、あえて見えない場所を作ることはできないか、と考え、空間をリング状に設計しました。ひとつの空間だけれども、すべてが見通せるわけではなく、必ず隠れることができる奥があるのです。そこでは、患者さんもスタッフも、そこにいるすべての人が等しく同じ空間を共有し、ヒエラルキーなくフラットに関係し、そしてどこにいても自分だけになれる場所がある、そんな理想を込めました。父の医療施設のためには、後に27床の病棟の増築も手がけました。この時も、通常ならばまっすぐな廊下の端にスタッフが配置され、全部が見渡せる空間を作るわけですが、そうではないと考えた。廊下ではなく、リビングルームのような部屋が連なることで、居場所とサーキュレーションを統合しました。患者さんのための居場所が建物中に点在し、部屋の隅っこがずれることで、かすかに隠れられる、自分だけの場所という感覚を作っています。

設計の技量としてはまだ当時は未熟だったため、天井高や窓の取り方など、今思うともっといろいろできたはずだという思いもありますが、廊下という監視システムの代わりに生活空間が連なっているような場所にするという考え方はとても面白いものだったと思います。もちろんスタッフにとって働きにくい場所になってはいけない。例えばあるコーナーは守られた感じで誰からも見えないけれど、5歩歩けばまた見えるようになるという、空間のつながりによって、動的にとらえればちゃんと透明な空間ができると考えたのです。

プライベート、セミプライベート、社会的なエリアまで含んだ小さな共同体のようなものを作るこのプロジェクトは、自分のその後の建築思考に大きな影響があったと思います。

—— その経験は、後の住宅のプロジェクトにも影響を与えていますか。家族という共同体の住まいですが、それぞれのメンバーの心理状態も考えたりしますか。

最初の住宅プロジェクト「T house」は、確かにそういう感じになりました。4人家族の平屋住宅で、寝室もリビングルームも和室もすべて半開き状態です。部屋をずらしながら向かい合っているので、向こうの部屋は真正面に見えないけれどオープンに連続しているという空間です。個人の領域は守られつつ、動いて生活することで家族という共同体ができている。一応ドアはつけましたが、この家族は誰もドアを閉めないそうです。家人の気配やつながっているという感覚が、この家族には快適だったようです。

—— こういう変わった家を提案する時は、どのようにクライアントを説得するのですか。

クライアントは、自分でコレクションしている現代アートを家の中にちりばめたいと希望していました。家の中を歩くと風景が連続して変化し続けるので、限られた空間でも広がりと豊かさを感じるといったことを、割と普通に話したのを覚えています。機能だけではなく、こんな体験ができるのだ、と。クライアントには思春期の息子と娘がいましたが、奥さんが「家族で一緒に住んでいる感じがして、いいんじゃないの」と言ってくれました。

T house

── その後の住宅でも、見える場所と隠れる場所の組み合わせが見られますね。

「House N」では、中と外の関係を考えながら3つの箱を組み合わせました。庭が取れる広さがあったので、庭を半ば内部のように扱い、現代版縁側のような場所を作った。内部にはさらに箱をもうひとつ作って入れ子にし、内外をあいまいにしました。ここでも隅に行くとある種囲まれた場所があると同時に、頭上にはフラグメント化された空が無数に見えます。開放感と守られた感の組み合わせは、「情緒障害児短期治療施設」を設計した時にも必要だと感じたことです。子供たちは、友達と一緒に遊んでいても、時々向こうへ離れて行く。しかしどこかに閉じこもりたいわけではなく、みんなが見えて声が聞こえるくらいのところで離れていたい。それは、個人と周りの人間との関係性の本質ではないかと思います。

──「House NA」は、狭い敷地に平面と高さの複雑な関係がつくり出されていて、究極的な日本の新住宅と見えます。ただ、その後は手がける建築の規模も大きくなり、海外でのプロジェクトも増えました。プロジェクトへのアプローチはどう変わりましたか。

「House NA」では、床に段差はあるものの、壁がないため中に入ると全部の空間がつながっていて、天井高も5～6mあるので広々としています。同時に、小さな要素が周りにたくさん浮かんでいるため、フワっと包まれているような感じがするはずです。これは厳密に意図したわけではなく、模型を作っている時に何らかの密度感を求めていたためだと思います。完成した時には、ちょっとした木立の中にいるようで、小さい家の落ち着きがありながらも全体として広く感じるのに僕自身も驚きました。

House N

House NA

このプロジェクトのように、普通の建築の作法を一旦忘れて、本質に立ち戻ってゼロから作るのが僕は好きなのですが、これが例えば1万㎡の建物になった時にどうなるか。細い部材でかたどった空気の厚みで壁を感じさせたり、壁がそのまま家具になったり構造体になったりという面白さが「House NA」では確かに効いていたわけですが、それが10倍の大きさに拡大されたら、ただの鬱陶しい場所になりそうだなと薄々感じてはいた。だから、別の方向に自分の創造性を広げられないかと、今いろいろやり始めているところです。何かが浮かんできた気はするけれども、それが何なのかがまだわかっていない状態です。

—— 人の心理状態以外の、外の要因にもっと目を向けるようになったのでしょうか。

生活と身体はこういうのが面白いというモデルが自分の中にあるわけですが、外部の要因に耳を澄ませると、自分がもっと開放されるように感じます。自分が考えることには限りがあるけれども、世界はもっと広いということでしょう。時を同じくして、海外へ頻繁にレクチャーで出かけるようになったことも影響しています。生活の深いレベルまではわからないにしても、違う場所には違うものが建っているということが、単純に興味深い。ただ、以前とつながっている要素はあります。例えば、「武蔵野美術大学美術館・図書館」は規模もプログラムも住宅とは異なりますが、個人の領域とは何か、それが他人と関わる時に何が起こるのかといった、非常にあいまいな部分に対する意識は引き続きもち続けている。これは、デザイン言語のさらに奥にあるものでしょう。それを無理やりモデルとして形に落とし込むのではなく、また大きな部屋をかっこいいプロポーションで決め、そこに光をばーっと入れてOKということでもない。その部屋の中に人がどのように分布し、ある時は大きな空間に出てきて、またある時

は隅っこだけ使うかもしれないといったことを考えるのが、大きな違いを生むのです。自分の中の建築に対する位置づけや価値観が、プロジェクトの状況や気候風土からインスピレーションを得る。自分の建築が作り出す価値がたとえ小さいものであったとしても、解釈や可能性に開かれた多様さを残しておきたいと思うのです。と言いつつ、自分では予測もしない変なところに引っ張り出されていくのも面白く、かつそんな時でも何とか建築として完成させようとしてもがく。そこには何かが出てくるから、無理に表現しようと意識しなくても何とかなるんじゃないかと思っているところはありますね。

▎プロジェクトの広がり／海外へ

―― 引っ張り出されるというのは、海外からの依頼という意味ですか。

クライアントの大胆さなどですね。例えば今パリで進んでいる再開発プロジェクト「Mille Arbres」は、船のような建物の上に森が載っていて、その中に集合住宅のビレッジがあるというものです。ポンピドゥーセンターが建てられた街であるパリは、大胆な建築の提案が歴史的に行われてきた場所であり、コンペの際には、それに自分はどう立ち向おうかと考えていた。これまでなかったけれど、こういうことが起こり得るのがパリだという、新しい原風景のような建築を作りたいという思いがありました。そこで、森が浮いているようなデザインを見せたら、開発業者でありチームとして組んだクライアントはこれがいいと言う。ただ、森と集合住宅まではよかったのですが、ビジネスとして収益を上げるために、その下はプラザなどではなく、オフィスやホテルにしたい、と。作ってみたら船のように

Mille Arbres

なってしまい、僕はしばらく抵抗したのですが、クライアントは固執している。自分なら絶対にゴーを出さないけれど、フランスに生まれ育ちそこで経済活動をしているクライアントの判断には何か意味があるに違いないと思っているうちに、だんだん自分でも面白くなってきた。その案を発展させて提出したところ、コンペで圧倒的に支持される結果となったのです。

—— クライアントに言い負かされたという気持ちはありますか。

僕は楽観的な性格で、案が面白くなってくると、それを誰が言い出したかはどうでも良くなってくる。全部自分が考えた気になってくる（笑）。クライアントもそういうところがあって、お互い、これは俺のアイデアだといって笑っています。プレゼンの際、クライアントはいかにパリをリスペクトしているかということ、それゆえにカウンター・プロポーザルにしているのだということをうまく説いていました。僕自身も、パリという街をどう深く理解したか、だからこういう新しさがパリには合うのだ、というプレゼンをしました。プロジェクトが始まって1年近く経っていたので、案が徐々に身体化され、思考が発展していたのです。クライアントはこのプロジェクトに「Mille Arbres」フランス語で「千本の木」というキャッチーな名前をつけていて、それで審査員もメディア関係者もすぐに理解した。強引と言えば強引。でも、こういう感性もあるんだな、と感心しました。

—— 建築家としてやってきたことが商業的に利用され、安っぽくなったという感覚はありませんか。

それはないですね。このプロジェクトには不思議な納得感のようなものがある。ただ、自分ひとりでやっていたら絶対にこうはならなかっただろうなとも思う。一方、そんなことはごく小さな話だともわかってはいる。自

分がデザインしたいとか、これがいいという感覚よりも、ありうべき風景として人々の心に残る何かをそこに作れれば、それはすごいことに違いない。そして、自分が15年かけて積み上げてきた建物や住まいのあり方は、世界の豊かさにもうひとつこういうものもあるよね、と付け足せるものになればいいと思うようになりました。その意味では、中東のショッピングセンターのコンペに出した「Souk Mirage / Particles of Light」も同様です。これまで使ったこともないアーチを使い、1.2km長もある敷地の上で繰り返していくと、すごい構造体になった。それが光をフィルターする。単純なインスピレーショから始めて少しずつ作っていくうちに、今までやったことがないものができたわけです。考え方としては「Serpentine Gallery Pavilion 2013」に共通する要素がありますが、このくらいの規模になっても自分は対処できるのだという実感がありました。

—— 小さな美意識を守っていたのに、今や世界からの要請を受け、その規模に自分を合わせているというのが現在のところでしょうか。

自分が美意識だと思っていたものが実はとても些細なことで、広い世界の刺激を受けて自分自身が想像を超えて拡張している感覚でしょうか。要請されるというより、何かを発見することを求められて呼び出されているという気がします。彼らも具体的な何かを作って欲しいと明確にわかっているのではなく、コイツらなら何かしてくれるんじゃないかと考えている。もちろんその何かが問題ですが、商業施設兼集合住宅のようなプロジェクトでコテコテの商業施設を作っても、彼らにとってはちっとも面白くない。彼らがやり続けてきたことを超える何かであり、同時にこれはアリだよねっていうものが求められている。

—— その意味では、バルコニーで覆われたモンペリエの集合住宅

Souk Mirage / Particles of Light

Souk Mirage / Particles of Light

「L'Arbre Blanc」も普通ではないですね。このアイデアはどこから出てきたのですか。

このコンペには、ジャン・ヌーヴェル事務所出身の若い建築家ふたりに声をかけられて参加しました。それぞれ自分の事務所をもっていて、モンペリエの開発業者とチームを組んでいた。それまで全然知らなかったのですが、スカイプで話してみたら相性が良さそうで、ではやってみようということになった。僕たちが加わった後にコンペに申請し、ファイナリスト3チームのひとつに選ばれました。モンペリエは建築で街を盛り上げていこうとしていて、これまでもリカルド・ボフィル、ヌーヴェル、アーキテクチャー・スタジオなどがここで作っています。そのふたりの建築家とはライフスタイルのことなどをオープンに議論したのですが、モンペリエは地中海性の気候で暖かく、どうも冬でも外でランチを食べているらしいというわけです。そこから、外部空間がたくさんあったほうがいい、広いバルコニーを出そうということになった。いきなりアーティスティックにポンとアイデアが出てくるというよりは、前提条件をみんなで確認しながら進み、その上で、外部空間を豊かに作らないと始まらないよね、ということになった。

—— そのバルコニーの飛び出し方が目を引きます。

フランスのこの手のコンペに開発業者と組んで参加するというと、コストも気にしなくてはならない。しかし、普通に作ったらコンペに落とされるというジレンマもあるわけです。最初、ただ普通のバルコニーを大量に出したら、歯ブラシみたいになってダサかった。それでずらしながらバルコニーを作ったらどうかなどいろいろやってみました。同時に、集合住宅なので、居住部分があまりに奥まってしまうと光が届かなくなるので、それを解決しようとするうちに、建物自体が変な形になってしまったんです。

L'Arbre Blanc

L'Arbre Blanc

L'Arbre Blanc

変な形だなあと思いつつ、この変な形にそのまま各戸のバルコニーをつけたら面白んじゃないのかとやってみたら、意外とアリだねというものができた。全方角に向かってバルコニーがついているというデザインは、こうして出てきました。これが僕のデザイン言語かと問われると、微妙なところです。フランスでは、内装は買った人が自分で作るのでいたって普通の空間です。このプロジェクトの場合は、集合住宅の建て方と、それがどういうライフスタイルを生むかをデザインした、ということになります。

—— 「普通に作ったらコンペで落とされる」とのことですが、その一方で奇をてらったものなのか、あるいは必然性があって出てきたデザインなのかの違いは重要ですよね。

確かにこれは、奇をてらっていますけれどね。ただ、奇をてらったものも、ただのハッタリや何かの焼き直しじゃなくて、新しいスタンダードになり得るという思いが共有できれば、ストンと納得できるんじゃないか。それは時には形だったり、バルコニーだけだったりするのかもしれませんが、そこもあまり気負わずにいたい。

—— 建築を作っていく上で、自分なりのこだわりはどのあたりにあるのでしょうか。

気にしているのは、これが建築としての提案になっているのか、それともただの枝葉に囚われているのかという点です。バルコニーも枝葉と言えばそうでしょう。ただ、枝葉が変わることで、本質が変わることもあります。どこでそれが納得できるのかは場合によりますが、そこはこだわっている。つまり人間の生活や社会にとって新しくも本質的な提案になっているかどうか、という点。あとはプロポーションや見た目を含めた、総体とし

ての立ちあらわれ方です。「建築のあり方」がその建築の思想やポテンシャルを鮮やかに体現できているか。モンペリエの集合住宅では、形はある程度機能的に決まっていても、バルコニーの突き出し方を低層階ではちょっと小さく上層階では大きくして、寸胴にならないようにした。最終的に出来上がる外観や内部空間にしても、その姿から背後にある考え方や指し示している未来を感じられるかどうかが重要です。どんなに考えが素晴らしくても、出来上がった姿がそれをちゃんと受け止めていなければ、目も当てられません。そこは意識しますね。

—— 建築は外観で伝わるべきということでしょうか。

建築は、1枚のイメージを見てパッとわかる必要はないと思う一方で、1枚のイメージだけで、こういう住まい方があったのか、こういう街の姿があったか、と感じられる力がある気がします。先ほど「原風景」と言ったのもそれです。例えば「北海道」と聞いた時に、実在しようがしまいが何となく思い浮かべる風景がありますよね。たまたま写真で撮られた景色がメディアで流れ、それが北海道だとみんなが共有している類のものであっても、それなりに力がある。だから、北海道の新しい原風景を作るとしたら、こういう建築が建っている場所は魅力的だと感じられるようなものを作りたい。それはパリでもそうだし、地球上でということでも同じです。

—— モンペリエの集合住宅も、何かの原風景ということになりますか。

人が集まって住むということの楽しさや豊かさが、圧倒的な形で表現されているということでしょうか。建物本体とバルコニーという組み合わせはごく普通の建築のタイポロジーですが、オープンエンドのバルコニーに

覆われていることにより、建物全体が「生活」に包まれているという感覚が生まれているのではないかと思います。

—— 上のバルコニーから階下のバルコニーは見えないように計算されているのでしょうか。

いえ、ところどころ見えます。最初は、プライバシーはどうするんだと気にしていました。バルコニーの上に鉢植えがあり、さらに防風ガラスが立ち上がってやや視線を防いではいますが、完全にプライバシーを確保するのは無理です。その辺りはコンペに勝ってから考えようと言っていた。ただ、竣工前から売り出しているのですが、みんなあんまり気にしていないようです。むしろこの楽しさを最大限に使いたい、と。とても売れ行きがよく、いろいろラッキーでした。

▎武蔵野美術大学美術館・図書館／特異点

—— 日本国内の代表的な作品としては、「武蔵野美術大学美術館・図書館」があります。開口部があるものの、高さ8mの本棚が渦巻き状に続いていて執拗な感じがしました。

図書館に対しては、結構思い入れがあります。アルゼンチンの作家、ホルヘ・ルイス・ボルヘスが『バベルの図書館』という小説を書いています。その図書館の蔵書には意味をなさないアルファベットが並べられており、数学的に考えるとそこにある文字の組み合わせによって、世界で書かれたすべてのこと、書かれそうだけど書かれなかったこと、これから

Musashino Art University Museum & Library

書かれるであろうすべてのこと、書かれないすべてのことなどが網羅できる。無限の淵を覗き込むような本質的な怖さがある話です。そして、ここには究極の真理が存在するのではないかと、それを追い求めて人々がさまようわけですが、真理は決して見つからない。本の数が膨大すぎて、生きている間に読みきれないからです。こういった話が、僕はすごく好きなんです。武蔵野美術大学の図書館をやることになった時、ひたすら本棚が並んだボルヘスの図書館以外にはない、と思った。ある種、個人的なこだわりですね。加えて、昔からヨーロッパにある壁が本で埋め尽くされた図書館も、原風景だと感じていた。そういう原風景の現代版を作れないかと考えたのです。本棚が幾重にも重なって無限に歩いて行けるような場所を作ったら、面白いんじゃないか、と。しかし、クライアントは大学で、20人くらいの委員会があります。だから、機能的にはちゃんとしているとしっかり説明しました。ただ、ボルヘスの話をしたかどうかは覚えていませんが、現代の図書館は機能だけじゃない、機能だけならアマゾンで調べればいい、というようなことも話した。従来のように本が整然と並んでいるのではないああいう場所ならば、予測不能性が生まれる。学生たちが森の中をぶらぶら歩き回るうちに、何がしかのインスピレーションに遭遇する場所であるべきだと話した。これからの図書館は本の森であるべきだと。

—— 無限の図書館というのは、無限の知の世界ということでしょうか。

ボルヘスの小説は、無限の知というより、自分のすぐ傍に手に届かないものがあるという奇妙な感覚を伝えているのではないでしょうか。自分が扱える範囲と思っていたものが、想像をはるかに超えた不気味とも言える何かにつながっているという感覚が彼の小説にはあって、ことに『バベルの図書館』は図書館の原風景を描き切っていて好きな作品です。

それは、「わかっていると思うなよ」と上から言い下している感じではな
く、ボルヘス自身の深淵さによるものなのでしょう。ボルヘスが館長を務
めていた図書館があって、アルゼンチンに行った時に頼んで入れてもら
いました。すでに廃墟になっているのですが、それは感動しました。武
蔵野美術大学の図書館を作った後でしたが、壁に空っぽの本棚が並ん
でいて、空の本棚もいいなと思った。武蔵美の図書館については、あ
れは僕の建築の中でも特異点で、ああいった形の建築は二度と作らな
い気がします。けれども、これまでの建築で5つ良いものを挙げろと言わ
れ たら、「House NA」、「House N」、「Serpentine Gallery Pavilion
2013」と共に、あの図書館も入ってくる。なぜもう作らないかと言うと、
ある種の原風景になっていて、1回やったらもういいかなと感じるからで
す。繰り返す時は、前を超える何かにならないと面白くないし、その時
は方向性が全く変わっているかもしれない。図書館は面白いので、また
やってみたいですね。

▌ 仕事の方法／誠実に作ること

―― 今はかなりたくさんのプロジェクトが同時進行しているようですが、
仕事の依頼を断ることはありますか。

自分はそういう仕事はやりませんと断ったりすることはなく、基本的には受け
ますね。話し合う間にポシャってしまうことはありますが、このプロジェクトは
自分をどこに連れてってくれるのだろうという好奇心の方が強い。中東の
「Souk Mirage / Particles of Light」も、「長さ1km以上の長い敷地に
ショッピングセンターができるとは、一体どういうことだ?」と、そこに飛び

Souk Mirage / Particles of Light

込んで何が起きるのか見てみたいという思いの方が大きい。どんな場合でも、なるべく僕は状況を楽しみたいと思っている。敷地を見に行ってそのまま終わってしまったプロジェクトもありますが、知らない街を訪れて知らない話を聞いた、ということは楽しい。その積み重ねが何年か経って自分の中に何かを生むかもしれない。面白がり屋の性格なんです。

—— 自分たちの建築への取り組み方や考え方を前進させてくれたプロジェクトと、そうでないものがありますか。

基本的に、無駄になったプロジェクトというのは一切ありません。設計を始めた当初は、プロジェクトが2年に1件とか3年に1件という程度だった上、自分たちの考え方も発展途上だったので、どのプロジェクトも考えを明確にしたり拡張したりしてくれたところがあります。最初の住宅「T house」やいくつかの医療施設がそうですね。「情緒障害児短期治療施設」もそうです。今までに手がけたことのない規模の上、機能の複雑さという意味でも段違いで、いろいろレベルアップをせざるを得なかった。最近はいろいろな国、いろいろな規模のプロジェクトが同時進行していて、その多様さが面白い。全く関係ないプロジェクト同士がアイデアでつながったり、影響を与えたり。結果的に、すべて未来の糧になっている。これからもそういう風にやりたいですね。

—— 最近はコンペにたくさん参加されています。自分ではプレゼンテーションはうまいと思いますか。

下手ではないと思います（笑）。日本のコンペの場合は、うまい下手とかエモーショナルに訴えるとかよりも、丁寧に説明することが大切でしょうね。昨年勝利した「（仮称）石巻市複合文化施設」のコンペでは、雨どい

Ishinomaki Cultural Center

の大きさまで含め、そこまでやるかというくらい丁寧にプレゼンしました。コンセプトはわかったが、それを実現していく際にここに問題がありそうだというところを、でも大丈夫です、と丁寧に話すように心がけています。一方、フランスなど海外では、僕が最初に少し話して、あとはローカル・アーキテクトやエンジニアが解説する。僕の持ち分が5分だとすれば、どういう思いでこのプロジェクトをやるのか、なぜこれがここにあったら面白いのかを、その短い間に伝えなければならない。一番大事なところを誠実にという感じですね。笑いを取ろうとするわけではありませんが、質問を受けたらユーモラスに答えるとか。そもそも、僕はプレゼンテーションでのパフォーマンスをあまり信じていないところがあって、建築の提案が良ければ基本的にはわかってもらえるだろうと思っている。それに加えて、この人だったら素晴らしいねとなるかどうか。こんな建築を作れるなんて、どうやってクライアントをだましたんだなどとよく聞かれますが、いたって普通に説明している。プレゼンの名手もいるかと思いますが、僕にはできないことなので、誠実にやることを心がけています。

—— 海外で仕事をする際に、日本で育ち日本で教育を受けたことを実感しますか。

違いはあまりわからない。どこであっても、条件や要望を整理し、歴史を調べたり予算を確認することから徐々に進めていくのは変わりません。僕らの時代は建築教育も結構堅く、へんなコンセプトだけを振り回すような教育は受けていない。どちらかというと、機能主義的な近代建築が基礎にある。とは言っても、いろいろ経験していく中で自分の方法はどんどん変わってきていて、もはや自分が日本育ちであることを意識することはないですね。ただ、気を付けているのは、話をちゃんと聞くこと。態度としてもそうです。しっかり見る、しっかり聞くということは、建築家の仕

事のすべてではないかと感じます。

—— 建築家には政治力が不可欠だと思いますか。政治力がないために、嫌な思いをしたことはありますか。

政治力は、もって生まれたものだと思いますが、僕自身は政治力がある方ではないと思います。むしろすごく素朴にやっている。建築家の中には、政治力を駆使している人もいて、出来る人はやればいいと思う。僕の場合は、ロックスターみたい振る舞うこともできませんが、幸い理解してくれるクライアントもいる。プロジェクトによっては、もう少しうまく立ち回れたのかもしれないと振り返ることもあります。けれども、自分は自分以外になれないし、僕が急に政治的になったら、今作っているような建築にはならないと思う。誠実に作ることとは、クライアントに対しても、自分自身にも、建築にも、歴史にも、世界にも、世界の多様さにも、誠実に向き合うこと、でしょうか。

▌ 事務所の運営／最強のチームを

—— 事務所の所員はどうやって選んでいますか。

僕自身が選ぶというよりも、チームが判断するようになってきています。東京の事務所にはふたりの設計リーダーがいて、その下にいくつかのチームが編成されています。応募があると、とりあえずチームに入れて1か月ほど様子を見る。チームのリーダーやチームメンバーがいいと判断したら採用。ダメと言うならば、やめておこう、と。というのも、僕自身が事

務所にいる時間は限られているし、新入りの人と急にコミュニケーション
をとって何かがわかるような能力もない。現場に任せる方がうまくいって
いると思います。

—— 藤本事務所の所員には、共通した特徴があると思いますか。

それは、全然わからないですね。ただ、自分の事務所は最強のチーム
にしたいという思いはある。だから、結構口うるさく言います。最強とい
うのはあらゆる意味で、です。実践的なことでもコンセプチュアルなアイ
デアを出すこと、そしてスピード感においても。そうでないと、次々やって
くる仕事に立ち向かえない。最近では、僕自身ももはやチームに溶けて
しまっている感覚がある。もちろんスケッチを描いたり考えを言葉にした
りするけれど、それもチームとの議論やあうんのやり取りのなかで、初め
て思考が動きだす感覚がある。それで、チームがやることを、自分の脳
や身体の拡張のようにとらえている。彼らが出してきたアイデアも、面白
かったらどんどんやろうという感じです。だから、有機的に連動していく
体制じゃないと進めません。連動するんだけど、でも常に他者としての
意外性、自分の中からはでてこない他者性をもったチームであってほし
い。究極的には、自分の頭で考えるというより、拡張したチーム全体の
脳で考えるようになるといいなと思っています。

—— 組織の形は、どのようになっていますか。

現在、東京に約50人、パリに約30人の所員がいます。6年前くらいか
らチーム制にし、各チームリーダーがチームをマネージしています。チー
ムはそれ自体が小さな事務所のようなものなので、責任感も出てくるし、
実践的な面でメンバー間の連携もうまくいく。1チームが複数のプロジェ

クトを手がけることはありますが、ひとつのプロジェクトを複数のチームで
分担することは基本的にはありません。先ほど言ったように、チームの
上にさらにふたりの設計リーダーがいて、彼らが設計作業をまとめてい
る。そして僕の下にはチーフがひとりいて、彼らは設計も見つつ、主に
事務所全体のマネージメントに関わっている立場です。今のところ、この
体制で何とかなっている。それでも、僕自身もかなり細かくデザインを見
ます。海外に行っている時は、設計リーダーやチームリーダーから進捗
報告が随時、というよりほぼ毎日メールで送られてきて、それに対して僕
はスケッチや言葉で指示を出したりアイデアを重ねたり、「最後のトリミン
グはこうして」などと、時にはそんなところまで気になってフィードバックし
ます。チーム間の力は均衡になるようにしていて、新しいプロジェクトが
入ってきたら、複雑さや向き不向きも考慮して割り振るようにしています。
パリの事務所は代表の女性ディレクターが複数のチームをまとめていて、
やはり随時やりとりしている感じですね。

▌ プロジェクトのプロセス

—— 具体的にひとつのプロジェクトは、アイデアから設計までどのよ
うに展開していくのでしょうか。ブダペストの音楽ホール「Forest of
Music」を例にとって教えて下さい。これは、2014年にコンペで優勝
し、今は設計の最終段階にありますね。

敷地は、ブダペストのセントラルパークと呼ばれるリゲット公園で、国際
設計コンペは、ここ全体を複合文化地域にするという大がかりなビジョン
に基づいて行われました。公園は、もともとウラル山脈地域からやってき

Forest of Music

たマジャル人の移住1000周年を祝って約100年前に整備された立派なもので、今でもその時に建てられた数々の歴史的遺産が残っています。今回は、この公園内に近代美術館、民族博物館、建築博物館兼写真博物館、音楽ホール兼音楽博物館の4つの建物を作るというグランド・コンペで、どれを選んでもいいというものでした。完全なオープンコンペなのでやや躊躇しましたが、これだけの大きなコンペはなかなかないだろうということで参加しました。美術館は魅力的ではあるものの、規模が大きすぎる気がした。一方、音楽博物館は1万㎡くらい。音楽博物館と音楽ホール、音楽教育のスペースが複合しているというのも面白そうだと、作業を始めました。

—— 音楽には関心がありますか。

特別詳しいというわけではありません。ハンガリーの音楽は、民族音楽や現代音楽のバルトーク・ベーラの存在もあり、音楽史の中では重要だというのを聞いていたくらいです。後になって、音楽の都であり日本人留学生も多いということもわかった。そういう街にふさわしい音楽博物館を考えることに興味がわきました。これまで音楽ホールをやったこともありませんし。ただ、現地を見学に行く余裕もなかったんです。

—— そうすると、最初のアイデアはどのように出てきたのでしょうか。

敷地は森の中で、公園の建物が点在する真ん中くらいにあるということくらいしか手がかりはありません。ただ公園の小道のプランを見ると、どこへ行くにもここを通り過ぎるという場所なので、木々に隠れてしまうけれど、立地的には重要だなと、そのあたりからスタートしました。敷地の形状や立地から、丸くて表裏のない雰囲気の建物が良さそうだと最初から思っ

ていました。ここでは外部のパフォーマンス・スペースも求められていたので、音楽ホールの一部がそのまま外部のオーディトリアムに連続するなど、アンフィシアターがちょっと複雑になっていく感じをイメージしました。公園の中なのに、音楽ホールが閉じた世界ではもったいないから、外と中をつなげたいと。実は、このコンペは2013年夏だったのですが、同年春に僕たちがやった「Serpentine Gallery Pavilion 2013」がオープンしています。そのデザインで苦戦していた時に、館長のハンス・ウルリッヒ・オブリストが助け舟を出すような感じで、「歴代のサーペンタインは、言ってみればアンフィシアターを再発明、再解釈してきたんじゃないか」と言ったんです。そう言えば、まさにどのパビリオンもアンフィシアターとして理解できる。そこから、人が集まる、ある種の公共性を備えた場所の原形とはアンフィシアターかもしれないと、サーペンタインを考える転機になったのです。円形だとしても完全に一極集中ではなく、方々に向いていたり広がっていたりするのもあり得る、と。それ以来、アンフィシアターが気になってはいたのです。

—— 建物は、結構複雑な構成になっていますね。

地下も使わないとプログラムが収まりきらなかったので、中と外をつなげるだけでなく3層くらいにはなりそうだと思っていました。そこで当初の案では、1枚の床スラブが、地上から地下へ、そして上空へと波打つようにして連続していき、そこからエントランスと展示空間、音楽ホール、教育施設などのプログラムが生まれてくるようにしていました。ただ、プランを詰めてくと、規模感などで結構無理はあったんです。それでも、締め切りの3週間くらい前まではこの案で進んでいて、一方、大規模コンペなので最後の2週間はプレゼン制作に使わなくてはならない。まあ、これでいくんだろうなとみんな思っていた時に、僕の中では何か納得がいかない。

それで、考え直そうと思った。

—— かなりギリギリの時点です。

アイデアの段階では、スケールはいかようにも伸び縮みしてフレキシブル
です。しかし、設計を詰めていく段階になると、例えば敷地があと1.5
倍大きければ、このうねりの中にすべての機能を取り込めたけれども、
実際には不自然に急勾配になっていたり、明らかに機能が成り立ってい
ないといったことがわかってくる。外につながるオーディトリアムも、スラブ
で無理やり作ったものの、実際はあまり連続性が感じられないといった
問題が見えてくる。強い形式を持ち込んだ時には、そういうところが気
になるわけです。空回りしているな、と。

**—— それは、図面を描いたり模型を作ってみたりして初めてわかること
ですか。**

そうです。通常はいくつかの案を並行して進めているので、徐々に問題
点があらわになったり、意外とつまらないということに気がついたり、新
しいアイデアに進化したりしていくのですが、この時は、自然な流れで
案が絞られていくのと、違和感が生まれてくるのが同時並行だったの
で、唯一の最終案に問題がある、という状態になってしまったのです。
プランを描いてコンピュータで絵を作ってみると、うねっているスラブでは
なく、そこに入るガラスのファサードしか見えない。意図したことがうまく
いっていないことが明らかです。僕は、そういう時にふと我に返ることは
重要だと思っているんです。ひとまずひと呼吸おいて状況を整理し、もっ
とシンプルにできるのではないか、と考えてみる。当初は、音楽ホールに
は段々があるのが特徴だと思い込んでいたのですが、よく考えると平ら

にしても使えるフレキシビリティーも求められているのではないか。幻想に引っ張られて勾配を作っていたけれど、実はクラシックだけじゃなくて、ロックやポピュラー音楽のコンサートもやりたいということだった、と。それならどんなホールがいいのか、歴史的な音楽ホールをいろいろ見ているうちに、だったらもう森の中で音楽を演奏するというくらいの割り切った方向へ行くべきじゃないかと思い当たった。周りの豊かな緑の中にガラス張りの音楽ホールを作り、そこで音楽を聴くのはある意味の極北だ、と。そのアイデアがふっと浮かんできてから、それに取り憑かれました。

—— グズグズし始めてから取り憑かれるまでの時間はどのくらいだったのですか。

2〜3週間だったような気もするし、3日間だったような気もする。その間も、チームは最初の案で進んでいるんです。最悪、僕のグズグズがただの思い過ごしだったら、当初の案で提出すればいい。しかし、森の中の透明な音楽ホールの案はシンプルだし、夢にも出てきそうだから、これは審査員もあらがえないのではと感じました。外観が木に囲まれて見えない音楽ホールなんていいじゃないか。その後、屋根がどのようにして出てきたのか、はっきりした記憶がないのですが、屋根までガラスというのはないだろうとは思っていた。当初の案でも、コンセプト段階では屋根に覆われた外部空間をたくさん作りたいと考えていたものの、実際にはあまり取れなかった。ハンガリーの夏は結構陽射しが強く、冬は寒くて雨も多いので、外部でありながら屋根にちゃんと覆われた空間は、ある程度あった方がいい。それは建物のためだけではなく、公園を豊かな場所にするという意味でもいいなと思った。そしてその屋根は、当初案のように無理やりスラブを取り回すのではなく、ゆったりとおおらかなものにしよう、と。しかし、ただの大屋根にしたくないというジレンマが続きました。

—— そういうグズグズはスタッフと共有するのですか、あるいは決断したことをいきなり話すのでしょうか。

その時は、いきなりだったと思います。確か海外出張の間に気になり始め、戻ってきた時に、実はこれだとヤバい気がしていると切り出した。こういう案を考えているから、プランを収めてみてよ、と。プランがうまく収まらないならダメですから。ただ、新案ではいろんなポイントがすっきり解決し、そういう感覚があること自体、こちらの方がいいということだなと感じていました。その辺りは、経験値によるものですね。たとえて言うと、それまではコペルニクス以前の天動説でつじつまを合わせようとしていたようなものです。ひとつのシステムを考案したものの、観測結果が合わない。とりあえず土星は仮想的中心の周りを回っていて、その周りを他の衛星が回っているととらえるのですが、システムに過剰に合わせようとしてグチャグチャになっていた。その時、実はすべての惑星は地球ではなくて太陽の周りを回っていると考えたら、すべてうまくいくじゃないかと気がつく。それに近い感覚でした。毎回そこまで鮮やかにいくわけではありませんが、当初案では、まさに天動説がもつネガティブな複雑さに陥りそうだという感覚が自分の中にはあった。それに対して新案は、いろんなものがシンプルに素直にストンと落ちる感じで、これはいいんじゃないか、と。

—— 屋根には開口部がありますね。

直径が80mくらいあるので、ただの大屋根だと気持ち悪い。それと森の中で演奏するという情景がつながって、木漏れ日のように光が落ちてくるのはどうか。それだったら屋根にたくさん穴が開いていて、そこに生えている木も穴をあけて屋根を突き抜けていくようにする。光が落ちてく

る中で演奏するのは良さそうだな、と考えました。

—— 教育施設は、屋根の中に入っています。

音楽ホールを透明に保ちたかったのですが、同時にその上に建物が
載っているという構成にはしたくなかった。教育施設は機能的には結構
な面積が必要なので、じゃあ屋根そのものの中に入れればいいと考え
た。そうすることで、ゾーニングとしてもパフォーマンス、展示、教育をき
れいに分けることができました。屋根にある開口部によって、教育施設
に光を取り入れる作りにもできる。

—— 大屋根を波打たせるのには、ずいぶん迷ったそうですね。

ガラスで囲まれた音楽ホール自体は、いくつか先例はあるんです。ただ、
ここまで森に囲まれているものはない。だから、その体験は人類の深い
何かに響くのではないかと思いました。音楽ホールでは、そのように体
験や風景を重視したわけですが、屋根の形はもう少し建築史的にとらえ
ていました。屋根は非常にベーシックなものです。大屋根も建築史上い
ろいろあり、穴が開いたものもいくつかある。特に今は技術を利用して
多様な大屋根が作れるようになっています。ヘルツォーク＆ド・ムーロンの
「バルセロナ・フォーラム」の三角形の大屋根は、キャンチレバーされ、
中に劇場も入っているのでプログラム的には近い。ジャン・ヌーヴェルの
アブダビのルーブル美術館の屋根はドーム状で、光の差し込み方が圧
倒的に美しい、と。そうした中で、どんなプログラムであれどんなスケー
ルであれ、歴史上はなかったけれどこういうものはアリだよねという、ある
種の決定版を提案したいという欲求が自分の中にある。多分、僕はそう
いうのが好きなのでしょう。屋根の新しい原型のようなものを作りたいとい

う思いです。一方で、ピロティ建築という、ボリュームが浮いていて、地上レベルはガラスで透明、という建築タイプはありふれています。今回の屋根が、それらとどう異なるのか、ということはすごく考えました。

このプロジェクトは森の中にあるので、人々が木々の下を歩いてやって来て、気付いたら屋根の下に入っていて屋根と木が噛み合っているのを見上げるという体験を想像しました。入る場所によって屋根の高さが違っていると、体験も違ってくる。低いところもあり、内部に入るといきなり高いところもあるという変化はあったほうがいいなと考えた。

—— 屋根のうねり方は、それぞれの場所で異なった空間体験を提供するものでもあるということですね。

最初は、ただ丸い円盤のような屋根を描いていたんです。しかし、スタッフが「これではちょっと」と言う。確かに平らでシャープな屋根は強すぎる。すると、別の誰かが「じゃあ、うねらせたら」と言った。「音楽は波だ、だからうねっている」というバカみたいなこじつけもして、実際コンペの一次審査に提出した書類にはそう書いています。ただ、その後波打つ屋根が、プロジェクトに連動してきました。入口のところや機能的に必要なところは高くなっているとか、シークエンスとして低いところから急に天井高の大きな空間に出るといったことを、プランを見ながら作っていったのです。

—— どんな資料を作って、審査ではどのようなプレゼンテーションを行いましたか。

僕はコンペのプレゼンテーションでマジックを繰り出すタイプではありません。だから、いつもできるだけ誠実に、案の面白さが一番明快に伝わるように、

また案の背後にどれだけの裏付けがあるのかということが論理的にも感覚的にも伝わるように心がけているつもりです。森の中で人々が座っている姿を森の写真に白いペンで描いて、これが原形としてあるのだと伝えたり、木漏れ日はこうなっているとダイアグラムで表現したり。そうしたコンセプトの説明が2ページ続きました。しかし、それを長々と訴えるより、なぜこういうプランになったか、ゾーニングはこんなにすごいといったことをごく普通に説明しました。一次審査を通過して二次審査に進んだ時は、「今にも実現するぞ」と感じられるくらい、ひたすら密度と精度を上げました。二次審査の提出資料は制限なしで、しかも隈（研吾）さんもファイナリストに残っているらしいという情報も入ってきた（笑）。「これは負けるわけにはいかない」、「とにかく出せるだけ出すぞ」という感じで、A全（A1）のパネル20数枚と100ページくらいのブックレットを提出しています。

—— 実現性を伝える資料というのは、かなりディテールに及んだ図面ということでしょうか。

構造や設備のディテール、ファサードのディテール、サステイナビリティの解説など、僕も全部把握できないくらいの量でした。けれども、ひと目見て説得力があるという感じにしたかった。徹底的に資料作りをやったのがこの時は正解だったと思います。

—— 先ほど、「人類の深い何かに響く」という表現がありましたが、そういうものを生み出すのが建築家だと思いますか。

そういうことが、僕は好きなんでしょうね。例えば「House NA」にしても、こんな家はこれまでなかったし、普通に考えたら住みづらい。でもここでは段と段との組み合わせを自由に選ぶことができて、空間がよりイン

タラクティブになっている。自分なりに意味を再編成して使える家は、ある種現代的だと思うのです。もちろん、クライアントが気に入ってくれたからこそ、実現したことは言うまでもありません。また、細かい要素が集積して立ち上がっている何かが、人間の住処のありようとしては本質的なものではないか。敷地周辺もゴチャゴチャして、東京の典型です。それもあって、日本の住居、あるいは住処や巣と言ってもいいかもしれないけど、そのユニークで原形的なあり方を表現しているなと思えて、個人的には嬉しいんです。自分の中では、そういうところに響いているかどうかがひとつの判断基準になっている。どちらに行こうかと迷った時に、人類の何かに根差しているかどうかを考える。人類の何かに根差しているけれど今までなかったものを、自分なりに新しいと呼んでいるところはありますね。

—— 建築史の中で新しいというよりも、さらにずっと昔、人類の原点にまで遡るという感じですか。

昔は、建築の歴史は一本の線のようなもので、ル・コルビュジエが発明したものにみなが影響を受けたとか、丹下健三が何かを発見して、その後の世代がこれを継いだといった風にとらえていました。そして、この同じ線の上で自分が何を発明できるのかを考えていた。しかし、世界中のいろいろな建築や街を見ていると、一本の線というよりは無数の点や流れがある。歴史の中に明瞭に、でも他とは違う点を置くという可能性は、無数の方向に広がっている気がする。じゃあ何でもいいのかと言うとそうではなくて、人が見たときにこういう風景は夢に出てきたとか、住みたかったのはまさにこういう場所だと思ってくれるようなもの、深層心理に響くようなものになってくれると嬉しい。

—— 住居にしても音楽ホールにしても、それなりの定型があってそれで

良しとされてきましたが、藤本さんにとってそれはまず壊す対象であり、同時に新しい形を求めるということでしょうか。

いきなり壊すのではなく、疑ってみるということですね。深層心理や原風景は、最終的に形なり空間なりを伴っていると思う。だから、そのどこかに触れていて新しい形になっていれば、それは面白いけれども、ただ変わった形というだけでは、自分の中での納得感がない。それがいったいどういう意味を伴っていて、建築としてどういう面白さをもっているのかを、割と執拗に考えます。例えば、三角屋根が連なった「（仮称）石巻市複合文化施設」も、一歩間違えると普通です。コンセプトを練る際に、内部のホールや博物館の展示スペースは、無理に前衛的な劇場を提案しても、提案のための提案に終わってしまうと思った。ではここで何を問い直すかと考えた時に、それはこの規模の公共建築のあり方、建ち方そのものなのではないかと考えました。シンボリックでありながら強制的でなく、しかし永遠に記憶に残るような建ち方はないのかと思ったのです。親しみがありながらも、印象に残る強い風景を作る。さらにその建ち方が共用部の場所の多様性を作り出している。また、劇場建築というのは、どうしても巨大なフライタワーが出てきたりして「そう見えて」しまう。その今までのタイポロジーを軽やかに超えたいと思った。それで、長い敷地だったのですが、最終的には箱とか家を幼稚園児のようにペタペタ並べました。

—— 個々には知っている形なのに、それが並んでいる全体は新奇な風景です。

ここは東日本大震災で大きな被害を受けた被災地であり、津波が来なかったところに施設を作りたいということもあって、市街地からかなり離れ

た敷地になっている。そうすると、ある種の目的地になるとか、あるいは
「あの場所だよね」と共有できる何かが必要なのではないかと考えたの
です。同時に、巨大な建物で、近寄りがたいのはいけないが、巨大さ
は印象深さにもつながる。そういう中から、これまでにない心情を投影で
きる公共施設のあり方を提案できないかな、と。それで三角屋根が出て
きたのです。実は、三角屋根は昔から好きで、ライフワークのひとつでも
あります。もともとは、ジャン・ヌーヴェルがボルドーに作った「ル・サン・
ジェームス」という小さなホテルを、学生時代に写真で見て感激したの
が始まりです。形としてはその辺の納屋と同じなのに、まぎれもなく現代
建築であり、グレーチングで覆われていることもあって、タイムレスな感じ
がした。こういう建築的知性があるのか、と。それ以来、隙あらば三角
屋根を試しているんです。「東京アパートメント」でも三角屋根を積み重
ねましたし、パリのプロジェクト「Mille Arbres」でも屋上の森の中に建
つ住宅は三角屋根です。

—— 藤本さんにとっての三角屋根とは、どんな意味があるのでしょうか。

四角もそうですが、三角屋根はタイムレスな形だと思うのです。また、三
角屋根は両肩が下がるので、ボリュームのインパクトが優しくなる。ス
ケールを分割する時に、三角屋根は四角よりいいなと感じます。それ以
外の形もありますが、逆に形が強くなりすぎてしまうんです。

—— 今建築で起こっていることの潮流と、自分との関係は意識しますか。

最近何が起こっているのか、よくわからないんです。僕が大学を卒業し
た25年前は、ポストモダンなどの動きがありましたが、大きくは近代で
あり、近代以降どうなっていくのかについてはよく考えていました。当時

思っていたのは、近代建築が生まれた時に建築的なトピックになり得ていなかったもののひとつは、デジタル的なもの、コンピュータ的なものだろう、と。これらは近代の枠には入らない。一方、われわれはそれを持っている以上、そこから新たな空間感なり身体感が出てこざるを得ないということでした。もうひとつは正攻法ですが、エコロジカルな思考。自然を見る視点は近代から180°転換して、今や逆側から見ているのではないだろうか、と。その情報的な思考とエコロジカルな思考はどこかでつながっている気がすると考えていた時期がありました。複雑性と自然性、身体性と新しい秩序の思考を展開したサーペンタインのプロジェクトは、多分このあたりから派生している。そして、これを突き詰めたらどんな新たな思考が出てくるのかというのを、20代から30代前半まで考えていました。ただ、どの時期にもいろいろな建築論があり、いろいろな建築のスタイルが現れるわけですが、次々と歴史の中にきれいに吸い込まれていく。これは、21世紀の100年がどういう時代なのかという大げさな話ではない。そうではなくて、1軒の住宅でも大開発プロジェクトでもいいですが、個別のプロジェクトがもつその状況下で初めて出てきた建築的発見や空間の作り方などの小さな視点、大きな視点を、次の人々が参照するということなのではないか。それぞれが、歴史の一部として出てくるのだと見ればいいのかなと思っています。

建築家藤本壮介はどうやって生まれたか／パーソナルな感性について

—— 建築に関心を持ったのはいつ頃ですか。お父様が精神医療施設を経営されていたとのことですが、どんな子供時代を過ごしましたか。

父は医者で、僕が小学校1年生の時に勤務医を辞めて北海道の田舎に引っ越し、医療施設を始めました。施設は自宅の100mくらい先にあり、自宅との間は施設の庭になっていました。仕事の話はほとんどしませんでしたが、父は高校時代から芸術家を志して、医大入学後も油絵や彫刻を制作していたらしく、家には画集がたくさんありました。その影響か、僕も子供の頃から粘土やブロック遊び、図画工作が好きでした。クリエイティビティに対する興味は、小さい頃から日常の中にありました。初めて建築に出会ったのは中学生の時、父の本棚にあったアントニオ・ガウディの写真集です。唯一の建築本で、二川幸夫さんが撮った写真でした。高校時代には物理学に興味が出てきました。相対性理論、宇宙論などが好きで、学校での成績も良かった。理論そのものだけでなく、新しい概念が生まれて、それによって世界が切り開かれるのがすごいなと。高校生の時は本気で物理学者になりたいと思っていました。

―― その物理学少年が大学では建築学科に進むわけですが、そのきっかけは何だったのですか。

東京大学の理科一類には、物理学科もあるけど建築学科もあるし、数学科やその他さまざまな学科が含まれていました。入学時に進路を決める必要がない。それで受験したのですが、やはり入学時には物理か数学で新しい概念を打ち出してやるみたいなことを考えていました。ところが、物理学も数学も最初の授業が全く理解できなかった。「あれ、得意だったはずなのに」と。田舎者なので、ここで俺が一番になるとは思っていませんでしたが、あまりのわからなさに落ち込みすらしなかったですね。それで、2年修了後の進路選択時に、物理や数学はダメだから、昔からものを作るのが好きだったし、じゃあ建築かという程度でそちらを選びました。その頃、建築家で知っていたのは、依然としてガウディだ

59

けです。丹下健三も安藤忠雄も知りませんでした。

—— 今の藤本さんからは想像がつかないですね。

建築学科の授業では、まずル・コルビュジエを教育されます。それで、
「何これ？　すごくかっこいい」と思った。調べてみると、20世紀初頭
に活躍し、アインシュタインやピカソと同時代。文化の黄金期に、建築で
もこんなことがあったんだと感激しました。授業では、ル・コルビュジエ
やアールト、ミースなどのパースを描かされました。ミースのバルセロナ・
パヴィリオンのように、壁と屋根だけでパヴィリオンを作るという課題もあっ
た。見よう見まねで作るのですが、60人くらい学生がいる中で、自分が
描いたものはイケているというのがわかった。先生も褒めてくれる。「あ
れ？　僕、もしかして才能あるの？」と。

—— イケていたのはプロポーションですか、それとも絵の力ですか。

造形の力もあったと思いますが、それ以上に、課題という問い自体を更
新するというか、大きな視点でとらえ直して、意外なところから枠組みを
作り変える、という感じでしょうか。当時は無意識に、いかに面白く、意
外性があり、でも説得力があるものが作れるのかという感じで、感覚的
にやっていたと思います。建築学科の小さな世界でのことですが、これ
は最初の成功体験として自分の中では大きいものでした。その後の課題
でも、問いを問い直すというか、状況をひと回り、ふた回り外側からとら
え直して、新しい問いを作り出していく、ということが楽しかったですね。
それは物理学に感じていた面白さともつながるものでした。みんなが驚
いてくれるのも嬉しかったし、自分自身発見の楽しさがあった。これは今
でも続いています。建築が楽しくなってきたのは、この頃からです。

—— その後は建築の本を読むとか、建築を見に行くといったことをやりましたか。

作るのは楽しかったのですが、今思うと、もっと勉強すべきでしたね。ライトやミース、ル・コルビュジエらの作品集はよく見ていましたが。当時はポストモダンが流行していて、友達がもっている雑誌を見せてもらっても、あまり興味がもてなかった。3年、4年になる頃に、レム・コールハースや伊東豊雄さん、安藤さん、そして当時最若手だった妹島和世さんなどの情報が入ってきて、大いに影響を受けました。ただ、影響受けると、それに振り回されて苦戦するんですけれど、ね。

—— 卒業後、就職しなかったのはなぜですか。

僕は基本的にビビり屋なんです。2年半しか建築を勉強してないのに、どうするのか、と。一方、大学院で研究をするのも苦手だと思っていた。ませた同級生たちはコンペに応募したりしていましたが、僕としては見せるものもない。例えば、伊東さんにポートフォリオをもっていって、あんまり面白くないねと言われたら立ち直れないだろうし（笑）、事務所に雇ってもらっても、自分は影響を受けやすいから伊東さんに染まりきってしまいそうで怖い、と感じていた。自分が何に根差しているのかに自信がなかったんです。そうこうするうちに卒業になってしまいました。ともかくも少しひとりでゆっくり考えたいなという思いがありました。これからの建築のこと、自分自身から何が生まれてくるのかということなど。それでとりあえずひとりで、有り余る時間を使ってひたすら自由に考えていたんです。

——「聖台病院作業療法棟」ができたのは、その約2年後ですね。

卒業後しばらく東京にいたのですが、親が見かねて実家の医療施設の建物を設計してくれと言ってきた。北海道に戻り、1年半くらいの間に作業療法棟が完成しました。しかし、ずっといるわけにはいかないと、また東京へ。バイトもせず、生活費は親からサポートしてもらう状態です。昼くらいに起き、ぼんやりと建築について考え始める。ブラブラして、飯食って、また考えてといったところです。建築を見に行ったりもしましたが、基本的にはひとりで行動している。ひとりでいるのが好きでしたね。図面を描いたり、コンペに出したりもしました。唯一、建築家の平田晃久くんと議論していたのが、外の世界につながる1本の筋でした。卒業した翌年に出会い、抜群に頭が切れる奴だなと思った。彼が京都から出て来て伊東事務所に就職してからは、たまに飲んで建築について議論していました。ちょうど1995〜96年くらいで、伊東さんの「せんだいメディアテーク」とは何かとか、コールハースの建築をどう考えるかといったことを話していた。ひとりで考えているとダークサイドに落ちていくばかりですが、このつながりは僕を建築の世界にギリギリつなぎ留めてくれ、僕にとっては大きな意味をもつものでした。また、最先端の建築事務所で起こっていることを、ライブに知ることができたのも面白かった。

—— 2000年に「青森県立美術館」がコンペで2位を受賞し、よく知られる存在になりました。それまでコンペにはいくつくらい応募していましたか。

アイデアコンペを含めて、2〜3か月に1回くらい、1年に4〜5件でしょうか。出せるやつは全部出すという感じでした。それでも今考えると、比較的のどかですね。日中は、これからの建築とはいかにあるべきかなどと考えながら、大上段に構えていましたね。普通に見たら、先の保証もなく、わけのわからないこと考えているヤバい状態ですが、僕としては

悲観もせず、むしろ楽しかった。ビビり屋ではありますが、楽観的なこと
は確かです。

—— 建築家として自信がもてるようになった体験は何ですか。

何でしょうか。これでやっていけるという決定打があったわけではなく、
昔からそのうちなんとかやっていけるだろうと思っていたところはありま
す。ただ、仕事をどうやって取ってくるのかがわからない。向こうから仕
事が来ることはないだろう、まあ、そのうちコンペが取れるんじゃないか、
と思っていた。しかし、実際に建物を作る作業はやはり難関でした。ど
こにも勤めた経験がないので見よう見まねでやるしかなく、やり方がわ
かるまで時間が掛かりました。実際、最初の「聖台病院作業療法棟」
や「聖台病院新病棟」は、充分に考えられていないところが多い。自
分なりにようやくちゃんと建築が作れたなというのは、2005 年に竣工した
「T house」と翌年の「情緒障害児短期治療施設」でしょうか。あれ
で、建築家として何とかなりそうだなという感覚を得ました。

—— それは、具体的にどんなことから感じたのでしょうか。

これも、平田くんと議論する中で理解したことです。プロジェクトには全
体のコンセプトや構成があるわけですが、それが空間の質やディテー
ル、素材などのすべてと調和していなければ、建築は成り立たないとい
うことです。最初の頃は、その調和のさせ方が技術的にも感覚的にも把
握できずに苦労したのですが、失敗を重ねていく中で、こういうことをす
ると合わないといったことがわかるようになった。床と壁の収まりといった
ディテールにしても、それはコンセプトにとって必要とされるものなのか、
コンセプトをより強化してくれるディテールなのか、そういったところをかな

り意識的に判断していって、こういう風にやると最初の構想からディテール、素材、施工の技術的な部分まで含めて全部つながっていくんだなということが感覚的に掴めるようになったのです。「T house」と「情緒障害児短期治療施設」では、その感覚と周りに評価される感覚がシンクロしたので、何とかなりそうだな、と。

—— 新しいコンセプトであれば、それを表現するディテールや素材もこれまでとは違うということになりますか。

発明的に調整していく必要があるということです。われわれがすでに知っている収まりの方法でうまくいくならば、それでいいですが、コンセプトが新しい場合、極端に言えば、すべてのディテールが今までのディテールでないものを求める可能性がある。例えば「House NA」では、これ以上柱が太くなるとこの空間の全体のバランスが狂い、体験としてちぐはぐになるというポイントがある。構造的な課題は当然構造家が挑んでくれるのですが、ガラスをどう収めるのか、床暖房はどうするのかといったところで、あらゆる既存の常識が通用しないわけです。それを一つひとつ解決しつつ、かつ全体がしっくり調和するように考えなければならない。それが大変でした。

—— 自分はどんな性格だと思いますか。

基本的には楽観的だけど……いつもニコニコしているので、周りからは怒らない人間かと思われているようです。しかし、怒る時は怒る。ただ、最近は怒ってもなんの解決にもならないことがわかってきたので、それほど怒らなくなりましたね。また、基本的にせっかちです。思ったスピードで進んでいないと困る。スタッフは、僕がせっかちだとわかっているで

しょうが、何かを頼んで5分後くらいに、「できた?」などと寄って来るのには辟易しているかもしれません。できているわけがないだろうと自分でもわかっていながら、聞かずにおられない。子供が生まれてからは、せっかちにしてもしょうがないと学びました。子供に対してはどこまでも寛容です(笑)。

—— **休日はどう過ごしていますか。**

子供と遊んでいるか、事務所に来ているか。子供ができてからは、時間の使い方が変わりました。より穏やかになった。あまり怒らなくなったのも、これが影響しているかもしれません。建築が変わったかどうかは、まだわかりません。子供は単純に可愛い。日々学んでいることがわかるし。

—— **最近ご自身が学んだことは何ですか。**

相変わらずいろいろな場所に呼んでもらって、新しい街を訪れたり、同じ街でも何度も訪れたり、すばらしい建築を見たりすることが、やはり一番の学びですね。先だってやっとインドに行き、ル・コルビュジエはやっぱりすごいと感激しました。それに対して、本で見ている時は一番好きな建築家だとも思っていたルイス・カーンの建築が、期待外れだった。理想は崇高なのですが、現実世界に現れた建築は閉じた感じがした。ことにインドのワイルドな状況の中で、ちんまりと完結しているように感じてしまった。それに対してル・コルビュジエの建築は、あくまでも開いている。ル・コルビュジエの建築には、そういう大きな意味での凄さがありますね。

—— **それは、建築のどんなところから感じましたか。**

人間としてのスケールの大きさですね。自分の作るものが、100年後の異国の地でどう生きながらえるかもわからない状況で、その中に放り投げられる勇気のようなものでしょうか。本人はこだわっているのかもしれませんが、建築自体はとてもおおらかで、うまい具合に放置されている。あとは、人間に対する絶大な信頼の上に建築を作っていたのだなと思いました。それは、建築の建ち方やスケール感など、いろいろなところからひしひしと伝わってくるものです。確かに大きいけれど、古代の神殿のようなオーバースケールさはない。人間が誇りをもって仰ぎ見ることができるけれど、決して押しつぶされないというスケールの建ち方をしているのです。一番感動したのは、ル・コルビュジエが都市計画を行ったチャンディーガルです。ここは、街がグリッドで構成されているのですが、中心の軸線の先には何にもなくて、山があるだけなんです。これを目にした時、この人は本当の意味でヒューマニストであり、人類の歴史や文化に芯から敬意をもっていた人なんだなと感じた。パリをぶっ壊すとか言っていたくせに、都市の軸線の先に自分の建物を配置したりしない。そこには、人々が見るべき山、昔から見ていた山がただあるだけ。「あー、そういうことか」と思って。参りました。

—— 建築家はエゴが強いというイメージがありますが、藤本さんはどう自己判断しますか。

僕もエゴは強いと思います。設計事務所をやっていても、やはり最後は自分で判断しなければならない。そもそも、事務所でスタッフを使って自分の設計チームを組んでいるということ自体、エゴイスティックなことではないでしょうか。ただ、ここ5年くらいですが、建築の大きな歴史の中での自分の小ささをポジティブに感じています。俺が作った、俺が考えた、というよりも、歴史の中のさまざまなものたち、また世界各地のさまざまな

文化やライフスタイルにインスピレーションを受けて、そこからかすかに新しいものを未来に向け継いでいく。敷地があって、人々が脈々と受け継いできた生活があって、いろいろなプログラムの歴史的な背景があって、気候風土とライフスタイルがあって、それらと自分の創造性が響き合う時に、何かが生まれる気がするのです。決して自分だけで生まれるものではない。そう考えた時に、自分のエゴなどたかが知れている。むしろ歴史や世界の不確実さの中に任せよう、その方が本質的には豊かで楽しいんじゃないかと思います。そして、謙虚で誠実でありたいなと思います。この世界と歴史と未来にたいして誠実に。

—— 藤本さんが考える豊かな生活とは何ですか。

抽象的な言葉になりますが、精神の自由さでしょうか。それが感じられるような居住空間だったり、都市だったりを作りたいと思います。こんなご時世だし、ル・コルビュジエを見た後だし。ル・コルビュジエに、自由の尊さを感じたのかもしれません。

—— 3年後、5年後にはどうなっていたいと思いますか。

そればっかりは、わかりません。来る者拒まずで、むしろ流されるまま流されていく方が、意外なところで意外なプロジェクトに遭遇したりして、自分には合っているのかなと思う。また、どのプロジェクトが自分の次の世界を切り拓いてくれるのかもわかりませんから、僕は住宅しかやらないとか、公共施設しかやらないと決めていることもない。今でも小さなプロジェクトもやっている一方で、これまでやったこともない規模やプログラムのコンペに呼ばれれば、ぜひやってみたいと思います。僕は、大学を卒業してブラブラしていた時間が長いわけですが、その時に考えていたこ

とは、今でも自分のルーツになっている。建築を自分はどうとらえるのか。スタイルは違ったとしても、何かを判断していく基礎はそこにある。ただ同時に、手がける規模もプログラムもどんどん変わっている。良く言えば割り切りがいいというか、フレキシブルなんでしょう。しかし、どんなプロジェクトも、建築の本質を考える手がかりにはなる。それを考えつつ、歴史の中に特別な因子や点のようなものを少しでも作っていければいいのではないか、と思います。

藤本壮介

一級建築士
藤本壮介建築設計事務所代表

1971　北海道生まれ
1994　東京大学工学部建築学科卒業
2000　藤本壮介建築設計事務所設立

[主な受賞歴]

2018　ビレッジ・バーティカル　国際設計競技（フランス）最優秀賞受賞
　　　ザンクト・ガレン大学HSGラーニング・センター　国際設計競技（スイス）最優秀賞受賞
2017　ジョイア・メリディア　国際設計競技（フランス）最優秀賞受賞
　　　フローティング・ガーデン（ベルギー）国際設計競技　最優秀賞受賞
　　　'KALMANANI'（メキシコ）National Prize受賞
2016　「アンスティチュ・フランセ東京」（旧 東京日仏学院）再整備事業 指名受託
　　　（仮称）石巻市複合文化施設基本設計業務　最優秀賞受賞
2015　Réinventer Paris 国際設計競技ポルトマイヨ・パーシング地区最優秀賞受賞
　　　エコール・ポリテクニーク パリ・サクレキャンパス新研究棟国際設計競技
　　　最優秀賞受賞
2014　Liget Budapest House of Hungarian Music（ハンガリー）1等受賞
　　　Wall Street Journal Magazine 2014 Innovator Awards（建築部門）受賞

2013 モンペリエ 国際設計競技 最優秀賞受賞

2012 2013年 マーカス建築賞受賞
第13回 ベネチア・ビエンナーレ国際建築展日本館の展示 金獅子賞受賞

2011 王立英国建築家協会（RIBA）インターナショナル・フェローーシップ受賞
台湾タワー国際設計競技（台湾）1等受賞

2008 ベトン・ハラ ウォーターフロントセンター国際設計競技（セルビア）1等受賞
World Architectural Festival - 個人住宅部門最優秀賞（Final Wooden House）
JIA日本建築大賞（情緒障害児短期治療施設）

[代表作品]

2013 Serpentine Gallery Pavilion 2013 / ロンドン

2011 House NA / 東京都

2010 武蔵野美術大学 美術館・図書館 / 東京都

2008 House N / 大分県

[書 籍]

2016 SOU FUJIMOTO / PHAIDON

2015 Sou Fujimoto Architecture Works 1995-2015 / TOTO出版

2013 SOU FUJIMOTO RECENT PROJECT / A.D.A EDITA Tokyo
SOU FUJIMOTO Serpentine Gallery Pavilion 2013 / Koenig Books

2010 武蔵野美術大学 美術館・図書館（現代建築家コンセプトシリーズ別冊）
/ INAX出版

瀧口範子

フリーランスのジャーナリスト。上智大学外国学部ドイツ語学科卒業。シリコンバレー在住。テクノロジー、ビジネス、政治、社会、文化一般に関する記事を新聞、雑誌に幅広く寄稿する。著書に『行動主義：レム・コールハース　ドキュメント』（TOTO出版 2004、朝日新聞出版社 2016）、『にほんの建築家：伊東豊雄観察記』（TOTO出版 2006、筑摩書房 2012）、『なぜシリコンバレーではゴミを分別しないのか？』（プレジデント社 2008）、訳書に『コールハースは語る』（筑摩書房 2008）、『ザハ・ハディッドは語る』（筑摩書房 2012）、『人工知能は敵か味方か』（日経BP社 2016）などがある。

[写真クレジット]

Iwan Baan
pp6-7, p16, p17, pp78-79

DAICI ANO
p5, p14, p32

SFA+OXO+MORPH
p20, p84

SFA+NLA+OXO+RSI
p26, p27, p28

Noriko Takiguchi
pp40-41, p43, p46, p60, pp64-65

Sou Fujimoto Architects
p1, p2, p4, p8, p23, p24, p35, p37, p45, p77, pp80-81, pp82-83

＊本書は、外務省の海外拠点事業「JAPAN HOUSE」の巡回企画展:
「SOU FUJIMOTO：FUTURES OF THE FUTURE」展のために制
作された英語版インタビュー集『Sincere by Design』を元に構成しました。

英語版『Sincere by Design』は、Amazonより電子書籍でご購入いただけます。

藤本壮介　建築への思索 —— 世界の多様さに耳を澄ます

2019年5月22日　初版第1刷発行
2019年6月5日　初版第2刷発行

著　者　藤本壮介、瀧口範子
発行者　伊藤剛士
発行所　TOTO出版（TOTO株式会社）
　　　　〒107-0062 東京都港区南青山1-24-3
　　　　TOTO乃木坂ビル2F
[営業]　TEL：03-3402-7138　FAX：03-3402-7187
[編集]　TEL：03-3497-1010
　　　　URL：https://jp.toto.com/publishing

デザイン　林琢真、鈴木晴奈（林琢真デザイン事務所）
印刷・製本　株式会社東京印書館

落丁本・乱丁本はお取り替えいたします。
本書の全部又は一部に対するコピー・スキャン・デジタル化等の無断複製行為は、
著作権法上での例外を除き禁じます。
本書を代行業者等の第三者に依頼してスキャンやデジタル化することは、
たとえ個人や家庭内での利用であっても著作権上認められておりません。
定価はカバーに表示してあります。

© 2019 Sou Fujimoto and Noriko Takiguchi
Printed in Japan
ISBN978-4-88706-380-8

Sou Fujimoto Architects, Tokyo

Serpentine Gallery Pavilion 2013

Ishinomaki Culture Center

"Open Grid" New Learning Center for the University of St. Gallen